Ingrid Uebe

Fliegender Pfeil

Mit Bildern von Sabine Scholbeck

Hase und Igel®

Für Lehrkräfte gibt es zu diesem Buch
ausführliches Begleitmaterial beim Hase und Igel Verlag.

Originalausgabe

© 2005 Hase und Igel Verlag GmbH, München
www.hase-und-igel.de
Druck: Grafisches Centrum Cuno GmbH & Co. KG

ISBN 978-3-86760-037-8
10. Auflage 2022

Inhalt

Der Streit 5

Hilfe für *Kleine Wolke* 16

Am Silbernen See 30

Die Lüge 42

Wieder Freunde 52

Der Streit

Der Tag ging zu Ende.
Doch *Fliegender Pfeil*
schlüpfte noch schnell
aus dem Tipi.
Seine Mutter *Große Bärin*
hatte es ihm erlaubt.
Die rote Sonne stand tief
über der weiten Prärie.
Um diese Zeit waren
alle Spiele am schönsten!
Fliegender Pfeil rannte
zum Spielplatz hinter dem Dorf.
Dort wartete
seine Freundin *Kleine Wolke*
mit ihrer Puppe.

Fliegender Pfeil ahnte,
dass *Kleine Wolke* wieder
Vater, Mutter und Kind
mit ihm spielen wollte.

Aber dazu hatte er
heute gar keine Lust.
Er wäre viel lieber
auf die Jagd gegangen.
Pfeil und Bogen
hatte er mitgenommen.
Zwar waren
die Pfeile stumpf
und man konnte damit
nicht mal eine Maus erlegen.
Aber zum Spielen und Üben
waren sie gut geeignet.
Kleine Wolke sah ihrem Freund
lächelnd entgegen.

Sie wiegte die Puppe
in ihren Armen und sagte:
„Unsere kleine Tochter
soll heute endlich
einen Namen bekommen!
Ich möchte sie gern
Schöne Blume nennen.
Was meinst du dazu?"
Fliegender Pfeil schüttelte
mit finsterer Miene den Kopf
und antwortete:
„Es ist ja nur eine Puppe!
Wenn der Mond
das nächste Mal rund ist,
werde ich acht Jahre alt.
Dann gehöre ich
sowieso zu den Großen.

Dann spiele ich nicht mehr
mit Mädchen und Puppen."

Kleine Wolke sah ihn
halb traurig, halb zornig an.
„Heute bist du erst sieben,
genau wie ich!
Warum sprichst du
plötzlich so böse mit mir?"
Fliegender Pfeil zuckte
die Achseln und sagte:
„Ich spreche die Wahrheit
wie alle Lakota."
Kleine Wolke
sah stumm
vor sich hin.

Das gefiel ihrem Freund
ganz und gar nicht.
Er nahm Pfeil und Bogen
und rief:
„Schau, was ich kann!"

Er schoss
den Pfeil ab.
Im selben Augenblick
rannte er los.
Er erreichte das Ziel
noch vor seinem Pfeil.
Stolz kam er zurück.

Kleine Wolke wiegte die Puppe
und sagte:
„Du hast deinem Namen
Ehre gemacht."
Fliegender Pfeil
sah sie lächelnd an.
„*Kleine Wolke*",
erwiderte er freundlich,
„für ein Mädchen hast du
auch einen schönen Namen."
Kleine Wolke nickte.

„Ich bekam ihn in dem Sommer,
als alle auf Regen warteten.
In der Nacht,
bevor ich geboren wurde,
träumte meine Mutter
Helle Sonne
von einer kleinen Wolke.

Am Morgen kam ich.
Und bald darauf
kam auch der Regen!
Da freuten sich alle und ich hieß
nach dem Traum meiner Mutter."

Kleine Wolke stand auf.
Die Sonne war fort.
Auch *Fliegender Pfeil*
musste nach Hause.
Alles war wieder gut.
Oder nicht?

Die Indianerkinder
sahen sich nachdenklich an.
Zum ersten Mal
seit sie sich kannten,
hatten sie miteinander gestritten.

Hilfe für *Kleine Wolke*

Als *Kleine Wolke*
und *Fliegender Pfeil*
sich das nächste Mal trafen,
spielten sie mit der Puppe
Vater, Mutter und Kind.
Kleine Wolke trug *Schöne Blume*
in einer Tragwiege
auf dem Rücken.
Sie sammelte Beeren
und grub nach essbaren Wurzeln.

Sie baute
aus Stöcken und Bisonhäuten
ein Tipi auf.
Sie machte alles so,
wie sie es
bei ihrer Mutter gelernt hatte.

Fliegender Pfeil
ging inzwischen auf Bisonjagd.
Als er zurückkam,
brachte er reiche Beute mit.
Natürlich hatte er
keinen Bison erlegt.
Aber das schöne Stück Fleisch,
das ihm seine Mutter
geschenkt hatte,
war ein guter Braten
für die kleine Familie.

Als *Kleine Wolke*
und *Fliegender Pfeil*
mit *Schöne Blume*
beim Essen saßen,
kam *Schlauer Fuchs* vorbei
und blieb lachend stehen.

Schlauer Fuchs
war vor Kurzem
neun Jahre alt geworden.
Er rief:
„Was sehe ich?
Fliegender Pfeil spielt noch
mit Puppen und Mädchen?"
Da stand *Fliegender Pfeil*
schnell auf und sagte:
„Ich hatte gerade
nichts Besseres zu tun.
Aber jetzt gehe ich lieber
mit dir, *Schlauer Fuchs!*
Lass mich
dein Bruderfreund sein!"
Die beiden Jungen
liefen davon.

Kleine Wolke sah ihnen nach.
Wieder war sie
traurig und zornig zugleich.

Nach einer Weile
stand sie auf
und lief mit ihrer Puppe
ins Dorf.

Sie lief zum Tipi
von Großmutter *Heilende Hand.*
Die war berühmt und beliebt
bei allen Lakota.

Großmutter *Heilende Hand*
konnte Kranke gesund machen,
den Donnervogel beschwören,
mit Geistern reden
und in die Zukunft sehen.
Sie war Medizinfrau
und Zauberfrau
und genauso stark
wie der Häuptling.
Jetzt saß sie
im Schatten
vor ihrem Tipi.

Anscheinend
wusste sie schon,
was *Kleine Wolke*
auf dem Herzen hatte.

Sie sagte ruhig:
„Ich sehe,
Kleine Wolke
ist traurig.
Doch sie wird bald
wieder lachen.
Sie muss nur
ihren eigenen Weg
gehen.
Dann wird
Fliegender Pfeil
zu ihr zurückfinden."

Kleine Wolke sah
die alte Indianerin
verwundert an.

Aber sie fühlte sich schon
ein bisschen getröstet.
Großmutter *Heilende Hand*
schwieg eine Weile.

Dann sagte sie lächelnd:
„*Kleine Wolke* sollte unbedingt
schwimmen lernen!"
„Schwimmen lernen?",
wiederholte das Mädchen.
„Nicht einmal *Fliegender Pfeil*
kann richtig schwimmen!"

Großmutter *Heilende Hand*
wiegte den Kopf.
„Auch *Fliegender Pfeil*
muss noch viel lernen!
Ehe die Blätter sich färben,
wird ihm das klar sein."

„Na gut!", sagte *Kleine Wolke.*
„Aber bei wem
lerne ich schwimmen?"
Großmutter *Heilende Hand*
überlegte nicht lange.
„Dein Bruder *Flinker Fisch*
ist ein guter Schwimmer.
Er soll dir Unterricht geben."

Ehe *Kleine Wolke*
antworten konnte,
hob die alte Frau ihre Hand
und sagte bestimmt:
„Geh jetzt nach Hause!
Meine Worte
werden sich bald erfüllen."
Kleine Wolke gehorchte.

Am Silbernen See

Kleine Wolke lief sofort
zu ihrem großen Bruder
und erzählte ihm,
was Großmutter *Heilende Hand*
ihr geraten hatte.

Flinker Fisch nickte und sagte:
„Morgen früh gehe ich
mit meinen Bruderfreunden
zum Silbernen See.
Wir wollen dort fischen,
aber auch schwimmen.
Du kannst mitkommen
und uns erst einmal zuschauen."
Kleine Wolke freute sich sehr.
Vor lauter Freude konnte sie
die halbe Nacht nicht schlafen.

Schon im Morgengrauen
stand *Flinker Fisch*
an ihrem Lager.
Bald brachen sie
mit den anderen auf.
Im Schein
der ersten Sonnenstrahlen
erreichten sie
den Silbernen See.

Flinker Fisch
und seine Bruderfreunde
stürzten sich gleich ins Wasser.
Sie balgten sich johlend
und schwammen dann
weit hinaus,
dem anderen Ufer entgegen.

Kleine Wolke sah ihnen nach
und dachte:
Schwimmen kann gar nicht
so schwer sein!
Warum sollte ich es nicht
schon mal allein versuchen?
Sie warf ihre Kleider ab
und trat in den See.
Weiter und weiter,
tiefer und tiefer
ging sie hinein.

Da verlor sie
auf einmal
den Boden
unter den Füßen.

Sie tauchte unter,
zappelte und strampelte,
schluckte und gurgelte.
Sie bekam keine Luft mehr
und hatte schreckliche Angst.

Plötzlich fasste sie
einer unter den Armen,
zog sie hinauf,
hielt ihren Kopf über Wasser
und trug sie ans Ufer.
Es war *Flinker Fisch*.

Kleine Wolke
hustete und spuckte
alles Wasser,
das sie geschluckt hatte,
aus sich heraus.

Flinker Fisch
und seine Bruderfreunde
standen um sie herum
und warteten schweigend,
bis es ihr besser ging.

38

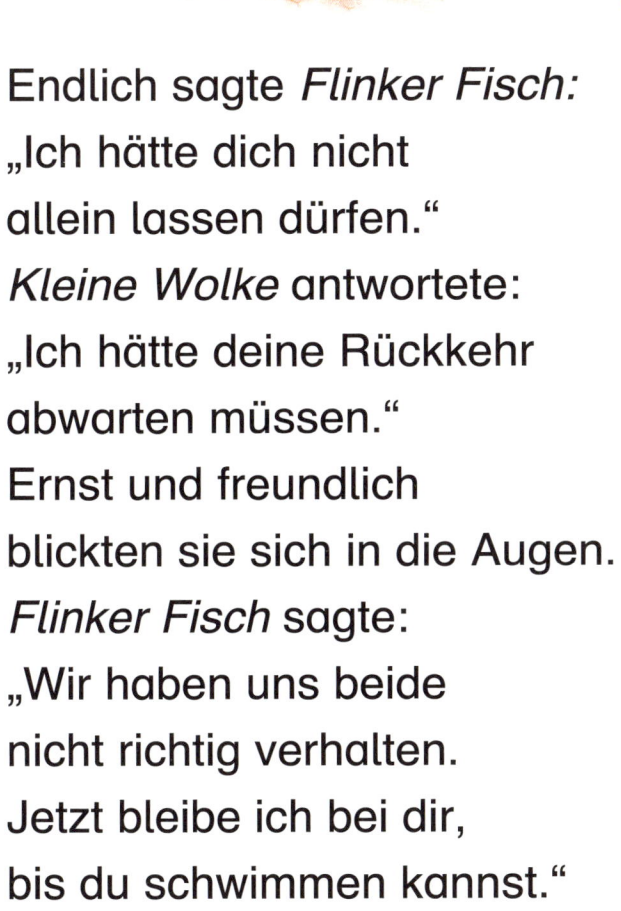

Endlich sagte *Flinker Fisch:*
„Ich hätte dich nicht
allein lassen dürfen."
Kleine Wolke antwortete:
„Ich hätte deine Rückkehr
abwarten müssen."
Ernst und freundlich
blickten sie sich in die Augen.
Flinker Fisch sagte:
„Wir haben uns beide
nicht richtig verhalten.
Jetzt bleibe ich bei dir,
bis du schwimmen kannst."

Kleine Wolke stand auf
und ging mit ihrem Bruder
Schritt für Schritt
in den See.
So lernte sie schwimmen.
Zuerst dort,
wo sie noch stehen konnte,
und dann dort,
wo das Wasser sie trug,
wenn sie sich richtig bewegte.

Sie lernte es nicht
an einem einzigen Tag.
Doch sie wurde
mit jedem Tag besser.
Als der Sommer sich neigte,
sagte *Flinker Fisch:*
„Jetzt schwimmst du
so sicher wie ich!"
Da war *Kleine Wolke*
sehr stolz und sehr froh.

Die Lüge

Fliegender Pfeil
hatte inzwischen
seinen achten Geburtstag gefeiert.
Nun gehörte er zu den Großen.

Er rannte mit ihnen
über die weite Prärie.
Er übte sich wie sie
in verschiedenen Kampfspielen.
Sein Vater *Grimmiger Wolf*
lehrte ihn reiten und jagen.
Schwimmen konnte er
selbst nicht.
Keiner wusste warum.
Wenn *Fliegender Pfeil*
im Großen Fluss badete,
tat er es nahe am Ufer,
wo das Wasser flach war.
Niemand lachte ihn aus.
Trotzdem schämte er sich.

Lange Zeit waren sich
Kleine Wolke
und *Fliegender Pfeil*
nicht mehr begegnet.
Aber eines Abends
versammelten sich alle im Dorf
um ein großes Feuer.
Großmutter *Heilende Hand*
erzählte Geschichten.
Das war immer ein Fest.

Kleine Wolke
und *Fliegender Pfeil*
saßen nicht weit auseinander.
Sie tauschten keinen Gruß.
Aber manchmal
warf einer dem anderen
einen verstohlenen Blick zu.
Nach der letzten Geschichte
erhoben sich alle.

Kleine Wolke blickte sich um.
Fliegender Pfeil stand noch
mit seinen Freunden zusammen.
Einen Augenblick zögerte sie,
dann lief sie zu ihm und sagte:
„Ich grüße dich,
Fliegender Pfeil!
Wie geht es dir denn
bei den Großen?"

Fliegender Pfeil
runzelte die Stirn und fragte:
„Warum störst du mich
im Kreis meiner Freunde?
Wenn du mich sprechen willst,
solltest du warten,
bis ich allein bin!"

Doch *Kleine Wolke*
ließ sich nicht einschüchtern.
Sie ballte die Fäuste
und trat einen Schritt vor.

Da fasste *Fliegender Pfeil*
sie am Arm
und zog sie fort.

Als sie allein waren,
knurrte er wütend:
„Es geht mir sehr gut
bei den Großen.
Ich habe vieles gelernt,
was du nicht kannst
und nie
können wirst."

Kleine Wolke
hob stolz den Kopf
und fragte:
„Hast du auch
schwimmen gelernt?
Ich kann es
inzwischen
sehr gut."

Fliegender Pfeil
sah sie nicht an,
als er antwortete:
„Natürlich habe ich
schwimmen gelernt!
Bestimmt
kann ich es
besser als du!"

Kleine Wolke
lachte.
„Das musst du
mir erst beweisen!

Lass uns im Silbernen See
um die Wette schwimmen.
Am besten gleich morgen."

Fliegender Pfeil hob verächtlich
die Schultern und sagte:
„Wenn du unbedingt willst,
treffen wir uns morgen
bei Sonnenaufgang
am Silbernen See."

Wieder Freunde

Kleine Wolke
und *Fliegender Pfeil*
waren pünktlich zur Stelle.

Kleine Wolke kam zu Fuß,
Fliegender Pfeil
auf dem Pferd seines Vaters.
Kleine Wolke strahlte.
Fliegender Pfeil
sah recht finster aus.
Er band das Pferd
an einen Baum und sagte:
„Der Sommer geht
seinem Ende entgegen.
Für ein Mädchen
ist der See
gewiss schon zu kalt."
Kleine Wolke lachte.
„Der See hat noch
die Wärme des Sommers.
Das wirst du gleich sehen!"

Sie sprang ins Wasser
und rief:
„Komm, *Fliegender Pfeil!*
Wir schwimmen los –
bis zum anderen Ufer
und wieder zurück!

Wer zuerst wieder hier ist,
hat gesiegt."
Fliegender Pfeil blickte
stumm über den See.

Er musste schwimmen!
Er musste siegen!
Er musste ans andere Ufer
und wieder zurück!
Langsam trat er ins Wasser.
Kleine Wolke stellte sich
neben ihn und fragte:
„Bist du bereit?"
Fliegender Pfeil nickte.

Beide warfen sich
in derselben Sekunde
vornüber ins Wasser.
Schon schoss *Kleine Wolke*
wie ein Fisch davon.
Doch *Fliegender Pfeil*
versank wie ein Stein.

Wie rasend bewegte er
Arme und Beine,
tauchte auf und ging unter.
Er schluckte und atmete
nichts als Wasser.
Er bekam keine Luft.
Er berührte den Grund.
In diesem Moment
fasste ihn jemand
unter den Armen
und zog ihn nach oben.
Licht und Luft
nahmen ihn auf.

Bald darauf
lag er keuchend im Sand.
Kleine Wolke kniete neben ihm
und sah ihn besorgt an.
Als *Fliegender Pfeil*
wieder sprechen konnte,
sagte er:
„Du hast mir
das Leben gerettet.
Ich kann gar nicht schwimmen.
Ich wollte es
nur nicht zugeben."

Kleine Wolke fragte:
„Aber warum nicht?"
Fliegender Pfeil sah ihr
fest in die Augen.
„Ich hatte Angst,
du würdest mich auslachen."
Kleine Wolke
schüttelte ernst den Kopf.
„Freunde lachen sich
niemals aus!
Außerdem habe ich
ja selbst erst vor Kurzem
schwimmen gelernt.
Flinker Fisch war mein Lehrer.
Er wird auch dein Lehrer sein,
wenn du es willst."
Fliegender Pfeil überlegte.

Nach einer Weile sagte er:
„Sei du meine Lehrerin!
Ich bitte dich darum."
Kleine Wolke sprang auf,
hielt ihm die Hand hin
und rief:
„Dann lass uns nur gleich
damit anfangen!"
Fliegender Pfeil
war einverstanden.

Er lernte sehr schnell.
Mittags schwamm er schon
ein ganzes Stück
am Ufer entlang.
Und abends schwamm er
Seite an Seite
mit seiner Lehrerin
bis zur Mitte des Sees.
Dort wendeten sie
und kehrten zurück.

Danach saßen sie
nebeneinander im Sand.
Fliegender Pfeil
war glücklich und stolz.
Kleine Wolke genauso.
Sie sagte:
„Nächstes Mal schaffst du es
bis ans andere Ufer."
Als die Sonne unterging,
band *Fliegender Pfeil*
das Pferd los und sagte:
„Jetzt reiten wir heim!"
Kleine Wolke sah ihn
unsicher an und sagte:
„Ich kann noch nicht reiten."
Fliegender Pfeil lachte.
„Ich werde es dir zeigen."

Er half ihr aufs Pferd
und schwang sich
dann selbst hinauf.
Zuerst im Schritt,
dann im Trab
ritten sie
in ihr Dorf.